ACADEMIA BARILLA

ALLES SALAT

50 Rezepte mit Pfiff

HERAUSGEGEBEN VON

ACADEMIA BARILLA

FOTOGRAFIEN

ALBERTO ROSSI
CHEFKOCH LUCA ZANGA

REZEPTE

CHEFKOCH MARIO GRAZIA

TEXTE VON

MARIAGRAZIA VILLA

GRAFISCHE GESTALTUNG

MARINELLA DEBERNARDI

KOORDINATION ACADEMIA BARILLA

CHATO MORANDI
ILARIA ROSSI

INHALTSVERZEICHNIS

Salat, welch eine Freude! 6
Die Kunst des Dressings 11

Gemüsesalate **14**
Salat aus Orangen, Pampelmusen und Zitronen 16
Spargelsalat 18
Avocadosalat mit Orangen, Melone und Erdbeeren 20
Rote-Bete-Salat 22
Kohlsalat mit getrockneten Aprikosen und Haselnüssen 24
Kichererbsen-Zitrus-Salat 26
Salat aus Sojasprossen, Karotten und Wassermelone 28
Maissalat mit frischem Gemüse 30
Salat aus Mango, Paprika und Karotten 32
Kartoffelsalat 34
Salat aus Knollensellerie, Radicchio und Ananas 36
Salat aus rosa Pampelmusen, Spinat und Walnüssen 38
Zucchinisalat mit Minze 40
Italienischer Gemüsedip (Pinzimonio) 42

Salate mit Käse und Ei **44**
Tomaten-Mozzarella-Salat (Caprese) 46
Griechischer Salat 48
Salat mit warmem Ziegenfrischkäse 50
Artischockensalat mit Parmesan 52
Käsesalat 54
Ackerbohnensalat mit Pecorino und Parmaschinken 56
Salat aus Birnen, Gorgonzola und Walnüssen 58
Rucolasalat mit Parmesan 60
Nizza-Salat 62

Salate mit Fleisch und Fisch **64**
Ligurischer Tomatensalat (Condiglione) 66
Feldsalat mit Kaninchen 68
Chicoréesalat mit Schinken 70
Hähnchensalat mit Äpfeln und Focaccia 72
Hähnchensalat mit Aceto Balsamico und Pinienkernen 74
Tintenfischsalat mit Zitrusfrüchten 76
Seeteufelsalat mit Tomaten 78
Fenchelsalat mit Räucherlachs 80
Thunfischsalat mit Bohnen 82
Kartoffelsalat mit Forelle und Ei 84
Kalbsbratensalat mit Honig und Sesam 86
Gemischter Salat mit Räucherschinken und Himbeeren 88
Italienischer Brotsalat (Panzanella) 90
Salat aus Tintenfisch und Kartoffeln 92

Nudel- und Getreidesalate **94**
Getreidesalat mit Gemüse und frischen Kräutern 96
Nudelsalat „Margherita" 98
Vegetarischer Couscoussalat 100
Nudelsalat mit Melone 102
Nudelsalat mit Spargel und Schinken 104
Sardischer Nudelsalat mit Thunfisch, Zucchini und Paprika 106
Nudelsalat mit Garnelen, Cocktailtomaten und Auberginen 108
Nudelsalat mit Stockfisch, Ackerbohnen und Oliven 110
Hähnchensalat mit Vollkornpasta, Avocado, Cocktailtomaten und Mais 112
Reissalat „Primavera" 114
Reissalat mit Cocktailtomaten und Mozzarella 116
Nudelsalat mit Äpfeln, Rosinen und Mandeln 118
Lauwarmer Zartweizensalat mit Scampi 120

Alphabetisches Verzeichnis der Rezepte 122
Alphabetisches Verzeichnis der Zutaten 124

SALAT, WELCH EINE FREUDE!

„Die Gutsverwalterin brachte die Malven
und anderen Erzeugnisse meines Gartens,
den Kopfsalat mit seinen großen Blättern,
Porree zum in Scheiben schneiden,
duftende Minze und andere Kräuter“.
Martial, *Epigramme* X, 48

Salat ist in jeder Hinsicht ein Fest der Sinne! Er ist eine Einladung zur Freude und dazu, sie zu teilen. Eine Einladung zur Fantasie und den unendlichen Möglichkeiten, seine Harmonie immer wieder neu zu gestalten. Vom einfachen Blattsalat mit einem Hauch Olivenöl, etwas Zitrone und einer Prise Salz, bis zu den kreativsten und aufwendigsten unter ihnen, wie zum Beispiel den Salatrezepten aus der Renaissance, die Kräuter, Blumen, Gemüse, Fleisch, Fisch und vieles mehr vereinten. Salat kann jeden faszinieren. Und wenn man die Zutaten sorgfältig auswählt und mit Bedacht zubereitet, wird er niemals eine Enttäuschung sein.

Schmackhafte Ursprünge...

Alles begann mit einem Salzkorn. Der Begriff „Salat“ (italienisch: „insalata“) leitet sich von dem altitalienischen Wort „insalare“ ab, was soviel wie „salzen“ bedeutet. Aber was meint man heute, wenn man von Salat spricht? In der italienischen Küche bezeichnet man so ein Gericht, das aus einer oder verschiedenen Sorten Gemüse besteht. Meist isst man es roh, oder aber gekocht und dann kalt serviert, abgeschmeckt mit Salz, Öl, Essig oder Zitrone. Im weiteren Sinne kann man jede kalte Speise einen Salat nennen, selbst wenn sie überhaupt kein Gemüse enthält oder nur als Ergänzung oder Dekoration. Zum Beispiel spricht man auch von Reis- oder Nudelsalaten, deren

Grundlage eben diese Getreideerzeugnisse bilden. Normalerweise findet man hier auch Gemüse, Käse oder Hülsenfrüchte, und ganz verschiedene Dressings. Ebenso gibt es Geflügel- oder Fleischsalate, in denen das gegarte kalte Fleisch in kleine Stückchen mit den anderen Zutaten vermengt wird. Auch Salate mit Fisch oder Hülsenfrüchten erfreuen sich großer Beliebtheit. Gleichzeitig gibt es sowohl süße als auch herzhafte Obstsalate, die mit Salz, Öl, Essig oder Zitrone angemacht werden.

Jeder Salat eine Geschichte

Heute ist mit Salat also der Verzehr von rohem und mit einem beliebigen Dressing angemachten Gemüse gemeint. Die Geschichte dieses Gerichts verliert sich dabei irgendwo im Dunkel der Vergangenheit und vermischt sich mit den Abenteuern der menschlichen Ernährung. Tatsächlich hat der prähistorische Mensch, noch bevor er zum Jäger wurde und unabhängig von seinem geografischen Lebensraum, allerorts essbare Pflanzen wie eine Art von Salat zu sich genommen. Aus den ersten menschlichen Behausungen, in denen das Sammeln von Kräutern, Blättern und Wurzeln in Höhlenmalereien verewigt ist, schaffte es der Salat bald auch auf königliche Speisepläne: Es scheint, als hätte schon der persische König um 550 v. Chr. kultivierten Blattsalat gegessen!
Auch in Italien besteht eine antike Salatkultur, was den Römern zu verdanken ist. Obwohl diese auch sehr viel Fleisch, Fisch, Käse und Brot verzehrten, vernachlässigten sie die Erzeugnisse des Gemüsegartens keinesfalls. Meist servierte man kräftig gewürzte oder scharfe Salate aus Gemüse und Hülsenfrüchten während der langen Bankette, um erneut den Appetit anzuregen. Sehr verbreitet war auch der erste bekannte Käsesalat (Moretum), der hauptsächlich von Bauern und Soldaten gegessen wurde. Er bestand aus Minze, Raute, Bohnenkraut, Koriander, Sellerie, Porree, Blattsalat, Rucola und Thymian, alles im Mörser mit frischem Käse und verschiedenen Nüssen zerstampft und anschließend mit Salz, Öl und Essig abgeschmeckt.

Im Mittelalter dominierte das Fleisch, vor allem Wild, auf den Tafeln des Adels, bis der Salat in der Renaissance seine Rückkehr feierte. Da servierte man ihn angereichert mit Obst, frischen Kräutern, Nussfrüchten, Blumen und anderen ungewöhnlichen Zutaten. Das Gemüse war nun also nicht mehr bloß die Nahrung des Volkes, sondern die Grundlage für fantasievolle und prächtige Gerichte, zubereitet von Meisterköchen.

Die Wichtigkeit der Vorspeise

Salat zu mögen, ist wirklich nicht schwer. Die Zubereitung ist allerdings alles andere als ein Kinderspiel. Es bedarf einiger Aufmerksamkeit, damit der Salat auch wirklich schmackhaft und ausgewogen wird. Vor allem muss man die Zutaten sorgfältig auswählen, um zu vermeiden, dass der Salat ein Sammelsurium von Aromen wird. Mit der Zeit kann man dann durch eigene Veränderungen seine persönliche Note entwickeln. Wichtig ist dabei, dass die einzelnen Bestandteile des Salates sich auf harmonische Weise ergänzen, einander im Geschmack heben und sich nicht gegenseitig überlagern. Außerdem sollte man immer ganz frisches Gemüse auswählen, es sorgfältig putzen, harte und verdorbene Teile entfernen und es als erstes ordentlich waschen. Dabei darf man es allerdings auch nicht zu lange im Wasser liegen lassen, da sonst Vitamine und Mineralstoffe verloren gehen können. Das Trocknen muss ebenfalls mit Bedacht erfolgen, ohne das Gemüse dabei zu beschädigen (statt der Verwendung einer Salatschleuder empfiehlt sich für Blattsalate manchmal das Trocknen in einem an den vier Ecken gehaltenen Küchentuch). Geschnitten werden sollte das Gemüse dann möglichst gleichmäßig, in Streifen, Würfel, Scheiben oder kleine Stücke.
Und die richtige Salatschüssel? Über die Größe sind sich alle einig: Sie muss tief und groß genug sein, um den Salat großzügig aufnehmen zu können. Über das Material der Schüssel lässt es sich jedoch streiten. Salat-Puristen halten Holz für am geeignetsten. Pragmatiker wiederum bevorzugen

Glas oder Keramik, da es weder Fett noch Gerüche aufnimmt und vom Essig nicht beschädigt wird. Und das Salatbesteck? Aus Glas oder Plastik, aber niemals aus Metall.

Wann man Salat isst

Welches ist nun aber, während einer Mahlzeit, der beste Moment, um den Salat zu servieren? Wenn es sich um einen klassischen Blattsalat oder einen kalten Salat aus gekochtem Gemüse handelt, kann er gut als Beilage zu einer Hauptspeise aus Fisch oder Fleisch gereicht werden. Handelt es sich jedoch um eine kompliziertere Komposition, die neben Gemüse auch eiweißhaltige Zutaten, wie Käse, Schinken oder Hülsenfrüchte enthält, kann er entweder als schmackhafte Vorspeise dienen, oder aber, vor allem mittags und in der warmen Jahreszeit, selbst den Hauptgang bilden. Alle besonderen Salate, die nicht nur gemüsehaltig sind, finden schon durch ihre Hauptzutat den richtigen Platz in der Menüfolge: Ein Getreidesalat beispielsweise wäre nach der italienischen Speisefolge eher ein erster Gang, während ein Fleischsalat unbedingt als zweiter Gang serviert werden würde. Eine Ausnahme hierbei bilden besonders leichte Salate, wie aus Krustentieren oder rohem Fleisch, die man häufig als Vorspeise isst.

Aus Italien in die Welt

Der „Ursprungssalat" aus rohem oder gekochtem Gemüse lässt sich in allen Kochtraditionen der Welt finden. Seine Wahlheimat jedoch ist Italien, wo Landwirtschaft und Gemüseanbau jahrtausendealte Wurzeln haben. Die italienische Küche übernahm nach und nach sowohl asiatische Gemüsesorten, wie die Aubergine und die Artischocke, als auch amerikanische, wie die Kartoffel, und öffnete sich auch früh der Verwendung von nicht-pflanzlichen Zutaten. So brachte sie eine Vielzahl typischer Gerichte hervor. Die Academia Barilla, ein internationales Zentrum zur Verbreitung der italienischen Kochkultur, hat für dieses Buch 50 Salatrezepte ausgewählt.

Der Großteil von ihnen entstammt der italienischen oder mediterranen Tradition und hat oft einen regionalen Bezug, wie zum Beispiel die für den Monferrato typische Caprese, der toskanische Brotsalat oder der Salat aus Meeresfrüchten, den man häufig am Golf von Neapel findet. Condiglione wiederum stammt aus Ligurien, Orangensalat ist eine typisch sizilianische Spezialität.
Einige Rezepte, wie der Nizza-Salat oder der griechische Salat, stammen aus anderen kulinarischen Regionen. Die Academia Barilla nahm sie in das Buch auf, da sie mit der italienischen Küche die hohe Qualität der zu verwendenden Zutaten, die ausgewogene Harmonie von Tradition und Innovation und vor allem die Lebensfreude und Vitalität gemein haben. Eben jene so typisch italienische und unwiderstehliche Freude, die keinem Salat fehlen darf!

DIE KUNST DES DRESSINGS

Ein altes, in Italien und im mediterranen Raum verbreitetes Sprichwort besagt, dass man vier Personen braucht, um einen Salat richtig anzumachen: einen Geizhals für den Essig, einen Verschwender für das Öl, einen Weisen für das Salz und einen Verrückten zum Mischen. Und während die ersten drei alle Freiheiten haben, ist bei letzterem doch Zurückhaltung geboten...

Die Hauptdarsteller

Die Zubereitung von Dressing ist eine Kunst, für sich. Das Dressing hat in erster Linie die Aufgabe, den Geschmack des Salates zu heben und nicht etwa, seinen Duft, und seine Farben zu überdecken. Es gilt weiterhin, die richtige Reihenfolge bei seinen Zutaten einzuhalten. Und vor allem darf man es erst kurz vor dem Servieren hinzugeben, damit das Gemüse knackig bleibt. Das klassische Dressing besteht aus Salz, Essig (oder Zitrone) und Öl. Das Salz sollte sparsam verwendet werden, am besten ist „echtes Meersalz“, da dieses besonders wertvolle Mineralien enthält. Bevor es in den Salat kommt, wird es im Essig (oder Zitronensaft) aufgelöst. Essig gibt es in den unterschiedlichsten Varianten: Weiß- oder Rotweinessig, Aceto Balsamico, bis hin zu Bier-, Apfel-, oder Milchessig. Ebenso beliebt ist aromatisierter Essig, wie Himbeer-, Rosen- oder Estragonessig. Auch was das Öl betrifft, gibt es natürlich die verschiedensten Sorten. Für Salat nimmt man jedoch am besten ein kalt gepresstes Olivenöl, das immer Extra Vergine (nativ) sein sollte. Wichtig dabei ist, dass es einen milden Geschmack hat, um den Salat nicht zu überlasten. Wer mag, kann auch auf aromatisierte Öle zurückgreifen, wie Basilikum-, Fenchel- oder Chiliöl.

Die Nebendarsteller

Um dem Salat zusätzlich Aroma und einen besonderen Touch zu verleihen, empfiehlt sich die Verwendung von Gewürzen und Gartenkräutern, aber auch wilde Kräuter eignen sich gut. Sardellen,

Fischeier, Oliven, Kapern oder Knoblauch verleihen dem Salat einen kräftigen Geschmack. Nussfrüchte (Mandeln, Hasel- und Walnüsse, Sesam, Pinienkerne und Erdnüsse), ob geröstet oder nicht, machen ihn noch nahrhafter.

Die Schwestern Vinaigrette und Zitronette

Das älteste Dressing schlechthin ist die Vinaigrette, eine aus Salz, Pfeffer, Weißweinessig und Olivenöl gerührte Salatsoße. Ihr klassisches Mengenverhältnis ist drei Teile Öl zu einem Teil Essig. Die Vinaigrette schlägt man mit einem kleinen Schneebesen oder einer Gabel auf, wobei man zunächst das Salz im Essig auflöst und erst dann das Öl und schließlich den frisch gemahlenen Pfeffer hinzugibt (wer mag, kann auch ein Löffelchen Senf untermischen). Um die Vinaigrette noch aromatischer zu machen, kann man den Weißweinessig durch Aceto Balsamico ersetzen. Die Zitronette ist die mildere Schwester der Vinaigrette, die statt der Verwendung von Essig Zitronensaft vorsieht. Statt des Zitronensaftes lässt sich auch der Saft anderer Zitrusfrüchte verwenden. Dieses Dressing zeichnet sich durch seine besondere mediterrane Frische aus und passt ausgezeichnet zu jungem Gemüse oder Krustentiersalaten.

Varianten eines Dressings

Vinaigrette und Zitronette lassen sich mit weiteren Zutaten, wie Sahne, Naturjoghurt, Käse, Honig, Kräutern oder hartgekochten Eiern, aromatisieren und bereichern. Schmackhaft und schnell in der Zubereitung ist die Variante mit pikantem Gorgonzola: Für vier Portionen mischt man 125 g Saure Sahne (oder Naturjoghurt) mit 15 ml Zitronensaft (oder Essig), einer Prise Salz und ein wenig frisch gemahlenem schwarzen Pfeffer. Dann kommen 50 g zerkleinerter pikanter Gorgonzola dazu, die untergerührt werden bis eine homogene Soße entstanden ist. Leichter sind Joghurtsoßen, die einen herrlich frischen Duft erhalten, wenn man gehackte Kräuter hinzugibt. Eine schmackhafte Variante (für vier

Portionen) erhält man, wenn man 150 ml Naturjoghurt mit einem Teelöffel Zitronensaft, einer Prise Salz und Pfeffer, einem Teelöffel süßen Paprikapulvers, fein gehacktem Schnittlauch und Kerbel verrührt. Mayonnaise und alle mit ihr zubereiteten Dressings eignen sich ausgezeichnet sowohl für Salate aus rohem oder gekochtem Gemüse als auch für Reis-, Nudel-, Fleisch- und Fischsalate.

Zwei Erfolgsdressings

1924 erfand der italienische Chefkoch Cesare Cardini, der nach dem Ersten Weltkrieg in die USA emigriert war, den berühmten Caesar Salad. Zunächst bestand er aus Römersalat und in Öl und Knoblauch gerösteten Weißbrotwürfeln. Angemacht wurde er mit geriebenem Parmesan, Olivenöl Extra Vergine, Salz, schwarzem Pfeffer, Zitronensaft und einigen Tropfen Worcestersoße. Später reicherte man ihn u. a. mit gebratenem Speck, Hähnchenbraten oder Garnelen. Auch das Dressing wurde weiter verfeinert. Für vier Portionen zerkleinert man eine geschälte Knoblauchzehe, drei Sardellenfilets, einen Teelöffel Senf und ein Eigelb im Mixer. Dann kommen 80 ml Olivenöl Extra Vergine hinzu, als wollte man eine Mayonnaise anrühren. Zum Schluss wird die Salatsoße mit Zitronensaft (oder Weißweinessig), Salz, schwarzem Pfeffer und 50 g Parmesan abgeschmeckt.

Ebenso beliebt auf der ganzen Welt ist die warme Specksoße, mit der Salate aus rohem oder gekochtem Gemüse noch knackiger und schmackhafter werden. Für vier Portionen röstet man in einer Pfanne ohne Fett bei niedriger Temperatur 50 g Speckwürfel an (sollte der Speck sehr mager sein, kann man einen Esslöffel Öl hinzugeben). Wenn ein Teil des Fetts geschmolzen und der Speck knusprig geworden ist, nimmt man ihn aus der Pfanne und gibt stattdessen 50 ml Essig hinein. Man rührt einen Teelöffel Rohrzucker unter und lässt die Flüssigkeit für 2-3 Minuten einkochen. Wenn nötig, kann ein Tropfen Wasser hinzugegeben werden. Dann kommt der Speck zurück in die Pfanne und wird mit Pfeffer und Salz abgeschmeckt. Alles warm über den Salat geben und servieren.

GEMÜSESALATE

SALAT AUS ORANGEN, PAMPELMUSEN UND ZITRONEN

ZUTATEN FÜR 4 PERSONEN

2 Orangen
2 Pampelmusen
2 Zitronen
50 g Feldsalat
50 ml Olivenöl Extra Vergine
Salz und Pfeffer

ZUBEREITUNG

Die Zitrusfrüchte sorgfältig von Schale und Haut befreien. Den austretenden Saft auffangen. Das Fruchtfleisch in Stücke oder Scheiben schneiden. Nun den Fruchtsaft in einer Schüssel mit Salz, Pfeffer und Olivenöl verquirlen. Das Fruchtfleisch mit dem Dressing beträufeln und auf einem Bett aus dem vorher gewaschenen und getrockneten Feldsalat servieren.

Vorbereitung: 20 Minuten

SPARGELSALAT

ZUTATEN FÜR 4 PERSONEN

500 g Spargel
150 g Radicchio
30 g Radieschen
80 ml Olivenöl Extra Vergine
Salz und Pfeffer

ZUBEREITUNG

Den Spargel waschen, auf eine einheitliche Länge schneiden und die holzigen Enden schälen. Zusammenbinden und für circa 10-15 Minuten mit den Spitzen nach oben in kochendes Wasser stellen. Der Spargel soll dabei nicht zerkochen, sondern bissfest bleiben. Abgießen und abkühlen lassen, dann der Länge nach halbieren oder schräg zerschneiden. Mit Olivenöl, Salz und Pfeffer anmachen.
Die Blätter des Radicchio abzupfen, waschen und trocknen, anschließend in feine Streifen schneiden und unter den Spargel heben.
Auf Tellern anrichten und mit fein geschnittenen Radischenscheiben dekorieren.

Vorbereitung: 25 Minuten
Kochzeit: 15 Minuten

AVOCADOSALAT MIT ORANGEN, MELONE UND ERDBEEREN

ZUTATEN FÜR 4 PERSONEN

2 Avocados
2 Orangen
1/2 Melone
125 g Erdbeeren

200 g Joghurt, Natur
Zitronensaft
Salz und grüner Pfeffer
(oder ein Esslöffel Zucker)

ZUBEREITUNG

Die Avocados waschen, schälen und halbieren. Den Kern entfernen und das Fruchtfleisch würfeln. Die Melone waschen, abtrocknen und halbieren. Ebenfalls die Kerne entfernen und das Fruchtfleisch in gleich große Stückchen schneiden.
Die Orangen schälen und enthäuten, die Orangenschnitze halbieren.
Alles in eine Schüssel geben und vermengen.
Den Joghurt in einer Schale mit ein paar Tropfen Zitronensaft verrühren und nach Belieben mit Salz und grünem Pfeffer abschmecken. Für die süße Variante stattdessen Zucker verwenden.
Zum Schluss den Salat mit dem Joghurtdressing anmachen.

Vorbereitung: 20 Minuten

ROTE-BETE-SALAT

ZUTATEN FÜR 4 PERSONEN

600 g Rote Bete, gekocht
200 g Blattsalat nach Wahl
75 g Mandelstifte
75 g Pistazien, gehackt
60 ml Olivenöl Extra Vergine
20 ml Weißweinessig
1 Zehe Knoblauch
Salz und Pfeffer

ZUBEREITUNG

Die gekochte Rote Bete schälen und in Würfel von etwa zwei Zentimetern schneiden.
In einem Gefäß mit Olivenöl, Essig, Salz, Pfeffer und der ganzen, geschälten Knoblauchzehe vermengen.
Mindestens 15 Minuten ziehen lassen, dann den Knoblauch entfernen.
Den Blattsalat waschen und trocknen, auf Teller verteilen und die Rote Bete darüber geben.
Mit Mandelstiften und gehackten Pistazien bestreuen.

Vorbereitung: 10 Minuten
Marinieren: 15 Minuten

KOHLSALAT MIT GETROCKNETEN APRIKOSEN UND HASELNÜSSEN

ZUTATEN FÜR 4 PERSONEN

300 g Weißkohl
100 g Aprikosen, getrocknet
60 g Haselnüsse, geröstet
100 ml Olivenöl Extra Vergine
30 ml Weißweinessig
Salz und Pfeffer

ZUBEREITUNG

Die äußeren Blätter des Kohls entfernen, den Rest in feine Streifen schneiden, waschen und gut abtropfen lassen.
Die Haselnüsse grob hacken und die Aprikosen ebenfalls in dünne Streifen schneiden.
Wenn sie sehr fest sind, kann man sie für etwa 10 Minuten in Wasser einweichen.
Das Olivenöl und den Essig mit Salz und Pfeffer in einer Schüssel zu einem Dressing verquirlen.
Über den Kohl geben, die Aprikosen und Haselnüsse untermengen und servieren.

Vorbereitung: 20 Minuten

KICHERERBSEN-ZITRUS-SALAT

ZUTATEN FÜR 4/6 PERSONEN

500 g Kichererbsen, gekocht und abgetropft
10 g Zitronenschale
10 g Orangenschale
10 g Limettenschale
75 g Paprika, gelb
50 g Paprika, rot
50 g Zwiebel, rot
1/4 Apfel, grün
80 ml Olivenöl Extra Vergine
15 ml Weißweinessig
Salz und Pfeffer

ZUBEREITUNG

Nach dem Abgießen die Kichererbsen noch einmal gut abspülen und abtropfen lassen.
Die Schalen der Zitrusfrüchte waschen und (ohne die darunterliegende weiße Schicht) fein hacken.
Die Paprika säubern und in kleine Würfel schneiden.
Die Zwiebel und den ungeschälten Apfel ebenso würfeln.
Alle Zutaten in einer Schüssel miteinander vermengen und mit Olivenöl, Essig,
Salz und Pfeffer anmachen.

Vorbereitung: 20 Minuten

SALAT AUS SOJASPROSSEN, KAROTTEN UND WASSERMELONE

ZUTATEN FÜR 4 PERSONEN

150 g Sojasprossen
200 g Karotten
350 g Wassermelone
50 ml Sojasoße
50 ml Olivenöl Extra Vergine

ZUBEREITUNG

Die Karotten schälen und anschließend mit dem Kartoffelschäler oder einem Hobel in dünne Streifen schneiden.
Für ungefähr 10 Minuten in ein Wasserbad mit Eis legen, erst zur weiteren Verarbeitung wieder herausnehmen.
Die Wassermelone von Schale und Kernen befreien und in kleine Würfel schneiden.
Nun die Sojasprossen waschen und zusammen mit den Karottenscheiben auf einem Küchenhandtuch trocknen lassen.
Die drei Zutaten miteinander vermengen und in einer großen Schüssel oder vier kleinen Schälchen anrichten.
Vor dem Servieren nach eigenem Geschmack mit Sojasoße und Olivenöl abschmecken.

Vorbereitung: 20 Minuten

MAISSALAT MIT FRISCHEM GEMÜSE

ZUTATEN FÜR 4 PERSONEN

500 g Dosenmais, abgetropft
300 g Paprika
100 g Gurke
70 g Sellerie
60 g Frühlingszwiebeln
50 g Oliven
100 ml Olivenöl
Extra Vergine
20 g Petersilie, gehackt
Salz und Pfeffer

ZUBEREITUNG

Den Mais in ein Sieb geben und unter fließendem Wasser abspülen.
Das Gemüse waschen, säubern und sehr fein würfeln, lediglich die Frühlingszwiebeln in dünne Scheiben schneiden.
Den Mais, das Gemüse und die zerkleinerten Oliven in einer Salatschüssel miteinander vermengen und mit reichlich Olivenöl, Salz und Pfeffer nach Belieben sowie der gehackten Petersilie abschmecken.

Vorbereitung: 10 Minuten

SALAT AUS MANGO, PAPRIKA UND KAROTTEN

ZUTATEN FÜR 4 PERSONEN

600 g Mango
200 g Karotten
250 g Paprika, gelb
100 ml Olivenöl Extra Vergine
1 Zitrone
Salz

ZUBEREITUNG

Die Mango waschen und schälen, anschließend zunächst in Scheiben, dann in feine Streifen schneiden.
Die Paprika waschen und putzen, ebenfalls in Streifen schneiden.
Die Karotten schälen und in dünne Scheiben schneiden.
Im Mixer ein Viertel der Mango mit dem Salz, dem Zitronensaft und dem Olivenöl verquirlen.
Die geschnittene Mango und das Gemüse mit dem Mangodressing anmachen.

Vorbereitung: 20 Minuten

KARTOFFELSALAT

ZUTATEN FÜR 4/6 PERSONEN

600 g Kartoffeln, gelbfleischig

Für das Dressing

100 ml Olivenöl Extra Vergine
30 ml Weißweinessig
20 g Petersilie, gehackt
Salz und Pfeffer

oder

200 ml Joghurt, Natur
50 ml Olivenöl Extra Vergine
Schnittlauch
Salz und Pfeffer

ZUBEREITUNG

Die ungeschälten Kartoffeln circa 20 Minuten kochen, bis man mit einem Küchenmesser leicht hineinstechen kann. Dann abkühlen lassen.
Die Kartoffeln pellen, in Scheiben von etwa einem halben Zentimeter Dicke schneiden und in eine Schale geben. Mit Olivenöl, Essig, Salz, Pfeffer und gehackter Petersilie abschmecken.
Als Alternative kann der Salat auch mit einem Dressing angemacht werden, das mit Joghurt, Olivenöl, Schnittlauch und einer Prise Salz und Pfeffer angerührt wird. Über die Kartoffelscheiben geben und auf Tellern anrichten.

Vorbereitung: 10 Minuten
Kochzeit: 20 Minuten

SALAT AUS KNOLLENSELLERIE, RADICCHIO UND ANANAS

ZUTATEN FÜR 4 PERSONEN

300 g Knollensellerie
100 g Radicchio
1/2 Ananas, frisch
1 Zitrone
60 ml Olivenöl Extra Vergine
20 g Petersilie, gehackt (nach Belieben)
Salz und Pfeffer

ZUBEREITUNG

Den Radicchio waschen und trocknen.
Die Ananas schälen und würfeln.
Auch den Knollensellerie schälen, in feine Scheiben und dann in Streifen schneiden. Zitronensaft in kaltes Wasser geben und die Selleriestreifen hineinlegen, damit sie nicht braun werden.
Ein Viertel der Ananas im Mixer (oder mit dem Pürierstab) zerkleinern und mit dem Olivenöl vermengen, anschließend mit Salz und Pfeffer abschmecken.
Die restliche Ananas mit dem Sellerie in eine Schüssel geben und das Dressing unterheben.
Auf einem Salatbett aus Radicchio anrichten und nach Belieben mit gehackter Petersilie bestreuen.

Vorbereitung: 30 Minuten

SALAT AUS ROSA PAMPELMUSEN, SPINAT UND WALNÜSSEN

ZUTATEN FÜR 4 PERSONEN

2 Pampelmusen, rosa
2 Orangen
2 Zitronen
200 g junger Spinat
100 g Walnusskerne
100 ml Olivenöl Extra Vergine
Salz und Pfeffer

ZUBEREITUNG

Den Spinat waschen und abtrocknen.
Die Pampelmusen, Orangen und Zitronen schälen, enthäuten und in Stücke schneiden, dabei den austretenden Saft auffangen.
Den Saft mit Olivenöl, Salz und Pfeffer in einer Schüssel zu einem Dressing verquirlen.
Den Spinat und die zerkleinerten Zitrusfrüchte auf Tellern anrichten, mit dem Dressing beträufeln und grob gehackte Walnüsse darüber streuen.

Vorbereitung: 20 Minuten

ZUCCHINISALAT MIT MINZE

ZUTATEN FÜR 4 PERSONEN

400 g Zucchini
150 g Radicchio
60 ml Olivenöl Extra Vergine
1 Bund Minze
1 Zehe Knoblauch
Salz und Pfeffer

ZUBEREITUNG

Das Olivenöl in einem kleinen Topf lauwarm werden lassen. Die geschälte Knoblauchzehe sowie einige Blätter Minze hineingeben und eine halbe Stunde ziehen lassen. Den Radicchio und die Zucchini waschen und putzen. Die Enden der Zucchini entfernen und den Rest in feine Stäbchen schneiden. Auf einer Salatplatte ein Bett aus Radicchio anrichten, die Zucchini darüber verteilen und mit dem aromatisierten Olivenöl, Salz und Pfeffer anmachen. Mit gehackter frischer Minze bestreuen.

Vorbereitung: 10 Minuten
Marinieren: 30 Minuten

ITALIENISCHER GEMÜSEDIP (PINZIMONIO)

ZUTATEN FÜR 4 PERSONEN

2 Karotten
2 Selleriestangen
1/2 Paprika, gelb
1/2 Paprika, rot
1/2 Paprika, grün

2 Frühlingszwiebeln
1 Gurke
Olivenöl Extra Vergine
Aceto Balsamico
Salz und Pfeffer

ZUBEREITUNG

Das Gemüse waschen, Paprika und Gurke von den Kernen befreien.
In gleich lange Stücke zerteilen und auf einer Servierplatte oder vier Desserttellern anrichten.
Dazu für jeden Gast ein Schälchen mit etwas Olivenöl bereitstellen.
Zum Schluss auch Salz, Pfeffer und Aceto Balsamico auf den Tisch stellen, damit jeder nach eigenem Geschmack sein Olivenöl damit verfeinern und es als Dip für das Gemüse verwenden kann.

Vorbereitung: 10 Minuten

SALATE MIT
KÄSE UND EI

TOMATEN-MOZZARELLA-SALAT (CAPRESE)

ZUTATEN FÜR 4 PERSONEN

500 g Mozzarella
600 g Tomaten
30 ml Olivenöl Extra Vergine
Basilikum
Salz

ZUBEREITUNG

Die Tomaten waschen und abtrocknen.
Mozzarella und Tomaten in dünne Scheiben schneiden und leicht salzen.
Das frische Basilikum waschen und vorsichtig trocken tupfen.
Abwechselnd eine Scheibe Mozzarella und eine Scheibe Tomate auf eine Servierplatte legen.
Mit Basilikumblättern bestreuen.
Zum Schluss Olivenöl darüber träufeln und servieren.

Vorbereitung: 15 Minuten

GRIECHISCHER SALAT

ZUTATEN FÜR 4 PERSONEN

3 Tomaten
1 Zwiebel, rot
2 Gurken
200 g Feta
100 ml Olivenöl Extra Vergine
50 g griechische Oliven, entsteint
1 Prise Oregano (nach Belieben)
Salz

ZUBEREITUNG

Das Gemüse waschen, nach Belieben das Kerngehäuse der Gurken entfernen. Die Tomaten in Stücke oder Scheiben, die Gurken in Würfel und die Zwiebel in feine Streifen schneiden.
Den Feta ebenfalls würfeln und zusammen mit den halbierten Oliven unter das Gemüse heben. Mit reichlich Olivenöl beträufeln, mit Salz abschmecken und nach Wunsch eine Prise Oregano hinzugeben.

Vorbereitung: 10 Minuten

SALAT MIT WARMEM ZIEGENFRISCHKÄSE

ZUTATEN FÜR 4 PERSONEN

250 g Blattsalat, gemischt
150 g Ziegenfrischkäse
200 g Yufkateig
100 ml Olivenöl Extra Vergine
15 ml Aceto Balsamico
Salz und Pfeffer

ZUBEREITUNG

Den Yufkateig in acht Quadrate von etwa 20 x 20 cm schneiden.
Jedes Blatt mit etwas Olivenöl einstreichen. Immer zwei Blätter übereinanderlegen.
Den Ziegenfrischkäse in vier Teile schneiden und jeweils ein Teil in die Mitte eines doppelten Teigstücks legen.
Die Ecken der Yufkablätter anheben und zusammendrücken, sodass eine geschlossene Teigtasche entsteht.
Bei 200 °C für etwa 8 Minuten in den Ofen schieben, oder 2 Minuten bei 108 °C in Öl frittieren.
Den Blattsalat waschen, trocknen und auf den Serviertellern anrichten. Eine Teigtasche auf jedes Salatbett setzen.
Nach eigenem Belieben mit Olivenöl, Essig, Salz und Pfeffer anmachen.

Vorbereitung: 15 Minuten
Backzeit: 2-8 Minuten

ARTISCHOCKENSALAT MIT PARMESAN

ZUTATEN FÜR 4 PERSONEN

4 Artischocken
120 g Parmesan
2 Zitronen
20 g Petersilie, gehackt
50 ml Olivenöl Extra Vergine (vorzugsweise aus Ligurien)
Salz und Pfeffer

ZUBEREITUNG

Die Artischocken von äußeren Blättern und Stacheln befreien, den Stiel säubern. Dann mit dem Saft einer Zitrone in eine Schüssel geben, mit Wasser bedecken und eine Viertelstunde ruhen lassen.
Den Parmesan hauchdünn hobeln.
Die andere Zitrone ebenfalls auspressen und mit dem Olivenöl und einer Prise Salz und Pfeffer zu einem Dressing verquirlen.
Nun die Artischocken halbieren. Wenn nötig, die strohigen Fasern im Inneren entfernen.
Den Rest in dünne Scheiben schneiden und mit dem Dressing anmachen.
Die Artischockenscheiben in der Mitte der Servierteller anrichten, mit den Parmesanhobeln und gehackter Petersilie bestreuen. Zum Schluss noch ein wenig Olivenöl darüber träufeln.

Vorbereitung: 20 Minuten

KÄSESALAT

ZUTATEN FÜR **4/6** PERSONEN

100 g Gruyère
100 g Provolone
100 g Caciocavallo
100 g Asiago
100 g Radicchio
80 g Sellerie
50 g Radieschen
10 g Schnittlauch

Für das Dressing
80 g Mayonnaise
125 g Joghurt, Natur
Salz
oder
80 ml Olivenöl Extra Vergine
25 ml Aceto Balsamico
Salz

ZUBEREITUNG

Den Käse von der Rinde befreien und in dünne Stäbchen schneiden.
Sellerie, Radicchio und Radieschen waschen, putzen und ebenfalls in feine Streifen schneiden.
Den Schnittlauch waschen und fein hacken.
Alle Zutaten in einer Schüssel vermengen. Die Mayonnaise mit dem Joghurt und einer Prise Salz verrühren und über den Salat geben. Alternativ ein Dressing aus Olivenöl und Aceto Balsamico herstellen und den Salat damit anmachen.

Vorbereitung: 20 Minuten

ACKERBOHNENSALAT MIT PECORINO UND PARMASCHINKEN

ZUTATEN FÜR 4 PERSONEN

600 g Ackerbohnen, frisch
200 g Parmaschinken, in Scheiben
200 g Pecorino, mittelalt
100 g Blattsalat, gemischt
15 ml Weißweinessig
60 ml Olivenöl Extra Vergine
Salz

ZUBEREITUNG

Die Ackerbohnen schälen und etwa 10 Minuten in kochendem Salzwasser garen. Dann abgießen, abkühlen lassen und von der Haut befreien. In eine Schüssel geben und mit einem Spritzer Olivenöl und einer Prise Salz anmachen. Den Pecorino mit einem Käseschneider oder Kartoffelschäler fein hobeln. Das restliche Olivenöl sowie den Essig über den Salat geben, mit Salz abschmecken und auf einer Salatplatte anrichten. Die Ackerbohnen, den Pecorino und den Parmaschinken dekorativ auf dem Salat verteilen und servieren.

Vorbereitung: 20 Minuten
Kochzeit: 10 Minuten

SALAT AUS BIRNEN, GORGONZOLA UND WALNÜSSEN

ZUTATEN FÜR 4 PERSONEN

2 Birnen
120 g Gorgonzola
200 g Salat (Sorte „Lollo Bionda“)
50 g Walnusskerne
100 ml Olivenöl Extra Vergine
Salz und Pfeffer

ZUBEREITUNG

Den Salat waschen und trocknen.
Die Birnen in Scheiben oder Würfel schneiden, zuvor nach Belieben die Schale entfernen.
Den Salat auf Tellern anrichten, die Birnen und den klein geschnittenen Gorgonzola darauf verteilen. Die Walnüsse darüber streuen und mit Olivenöl, Salz und Pfeffer anmachen.
Alternativ können die Birnen auch halbiert und ausgehöhlt werden. Das Fruchtfleisch mit Gorgonzolawürfeln vermengen und zurück in die Birnenhälften geben.
Anschließend auf einem Salatbett servieren.

Vorbereitung: 15 Minuten

RUCOLASALAT MIT PARMESAN

ZUTATEN FÜR 4 PERSONEN

200 g Rucola
150 g Parmesan
50 ml Olivenöl Extra Vergine
15 ml Aceto Balsamico
Salz und Pfeffer

ZUBEREITUNG

Den Rucola waschen und trocknen.
In einem Schälchen Aceto Balsamico, Olivenöl, Salz und Pfeffer zu einem Dressing verquirlen.
Den Parmesan mit einem Käseschneider oder Kartoffelschäler hauchdünn hobeln.
Auf den Serviertellern ein Bett aus Rucola anrichten und mit dem Parmesan bestreuen.
Das Dressing darüber träufeln.

Vorbereitung: 15 Minuten

NIZZA-SALAT

ZUTATEN FÜR 4 PERSONEN

4 Eier
400 g Kartoffeln
100 g Kopfsalat
300 g grüne Bohnen
400 g Tomaten
300 g Thunfisch in Öl
50 g Oliven
4 Sardellen, in Salz eingelegt
100 ml Olivenöl Extra Vergine
1 Teelöffel Senf
25 ml Rotweinessig
Salz und Pfeffer

ZUBEREITUNG

Die Eier in einen kleinen Topf legen, mit Wasser bedecken und aufkochen. Für 8-10 Minuten köcheln lassen, dann die Eier kalt abschrecken, um den Garungsprozess zu unterbrechen und das Schälen zu erleichtern. Die Schale entfernen und die Eier der Länge nach in Stücke schneiden. Die ungeschälten Kartoffeln in reichlich Salzwasser kochen, bis man sie leicht mit einem Küchenmesser einstechen kann. Abgießen und abkühlen lassen, dann pellen und Scheiben von einem halben Zentimeter Dicke schneiden. Mit Salz, Pfeffer, einem Spritzer Essig und ein wenig Olivenöl anmachen. Die Bohnen putzen und in kochendem Salzwasser garen. Sobald sie bissfest sind, abgießen und in Eiswasser legen, um den Garungsprozess zu unterbrechen und ihre frische Farbe zu erhalten. Die Tomaten waschen und in Stücke schneiden. Den Kopfsalat waschen und trocknen. Nun den Thunfisch abgießen und grob zerteilen. Die Sardellen von Salz und Gräten befreien. Aus dem restlichen Olivenöl, dem Essig, dem Senf, Salz und Pfeffer eine Vinaigrette anrühren. Auf Serviertellern oder in einer Salatschüssel ein Bett aus Kopfsalat anrichten, darauf die Kartoffeln und Bohnen geben. Im Wechsel ein Stück Tomate, ein Stück Thunfisch und ein Stück Ei ringsherum legen, mit den Sardellen und Oliven garnieren und mit der Vinaigrette beträufeln.

Vorbereitung: 1 Stunde
Kochzeit: 20 Minuten

SALATE MIT
FLEISCH UND FISCH

LIGURISCHER TOMATENSALAT (CONDIGLIONE)

ZUTATEN FÜR 4 PERSONEN

600 g Tomaten, nicht zu reif
200 g Paprika, gelb
200 g Gurke
150 g Zwiebel, rot
50 g Oliven, schwarz
40 g Sardellen, in Salz eingelegt

50 ml Olivenöl Extra Vergine
(vorzugsweise aus Ligurien)
15 ml Weißweinessig
4-5 Blätter Basilikum
1 Zehe Knoblauch
Salz

ZUBEREITUNG

Die Sardellen unter fließendem Wasser vom Salz befreien und gegebenenfalls die Gräten entfernen. Das Gemüse ebenfalls waschen, dann die Zwiebel in feine Scheiben, die Paprika in Streifen, die Gurke in Scheiben und die Tomaten in Stücke schneiden.
Das geschnittene Gemüse in einer Salatschüssel vermengen und die Oliven, die halbierten Sardellenfilets und das grob gehackte Basilikum hinzugeben. Den Knoblauch schälen und entweder im Ganzen, oder, falls ein intensiverer Geschmack gewünscht ist, in dünnen Scheibchen untermischen. Mit Olivenöl, Essig und Salz anmachen, anschließend für etwa 10 Minuten ziehen lassen und danach servieren.

Vorbereitung: 20 Minuten
Marinieren: 10 Minuten

FELDSALAT MIT KANINCHEN

ZUTATEN FÜR 4 PERSONEN

1/2 Kaninchen (circa 600 g)
150 g Zwiebel
100 g Karotten
70 g Sellerie
150 g Feldsalat
200 ml Olivenöl
Extra Vergine

5 Wacholderbeeren
5 Pfefferkörner
1 Gewürznelke
1 Lorbeerblatt
1 Zweig Salbei
1 Zehe Knoblauch
Salz

ZUBEREITUNG

In einem Topf von passender Größe aus Wasser, Zwiebel, Karotten, Gewürznelke, drei Wacholderbeeren und dem Pfeffer eine Brühe zubereiten.
15 Minuten kochen, dann das Kaninchen hinzugeben. Bei niedriger Temperatur eine Stunde köcheln lassen.
Das Kaninchen in der Brühe abkühlen lassen. Anschließend abgießen und mit den Fingern in feine Streifen zerpflücken.
Das Kaninchenfleisch mit dem Salbei, dem Lorbeer und der geschälten Knoblauchzehe in eine Schüssel geben. Auch die restlichen zwei Wacholderbeeren hinzufügen.
Komplett mit Olivenöl bedecken und bis zum nächsten Tag in den Kühlschrank stellen (es hält sich 3-4 Tage).
Nun den Feldsalat waschen und trocknen. Auf jedem Servierteller ein Bett davon anrichten und die Kaninchenstücke darüber geben.

Vorbereitung: 30 Minuten
Kochzeit: 1 Stunde Ruhezeit: 24 Stunden

CHICORÉESALAT MIT SCHINKEN

ZUTATEN FÜR 4 PERSONEN

100 g Chicorée
50 g Rucola
100 g Eisbergsalat
200 g Schinken, luftgetrocknet
60 ml Olivenöl Extra Vergine
15 ml Aceto Balsamico
1 Teelöffel Mohn
Salz

ZUBEREITUNG

Die Chicoréeblätter auseinanderzupfen, waschen und trocknen. Die Hälfte davon in feine Streifen schneiden. Rucola und Eisbergsalat ebenfalls waschen und trocknen, den Eisbergsalat wie den Chicorée schneiden. Den zerkleinerten Chicorée mit dem Rucola und dem Eisbergsalat vermengen. Die ganzen Chicoréeblätter auf vier Serviertellern anrichten und jeweils eine Portion Salat darauf geben. Den Schinken in Streifen schneiden und darüber verteilen. Mit einer Prise Mohn verfeinern und nach eigenem Geschmack mit Olivenöl, Aceto Balsamico und Salz anmachen.

Vorbereitung: 20 Minuten

HÄHNCHENSALAT MIT ÄPFELN UND FOCACCIA

ZUTATEN FÜR 4 PERSONEN

2 Äpfel, grün
200 g Radicchio
300 g Hähnchenbrust
100 g Focaccia
20 g Mandelstifte
100 ml Olivenöl
20 ml Essig
Salz und Pfeffer

ZUBEREITUNG

Den Radicchio waschen, trocknen und in feine Streifen schneiden.
Die Äpfel waschen, abtrocknen und ohne schälen klein würfeln.
Die Hähnchenbrust salzen, pfeffern und mit Olivenöl einreiben, anschließend bei 180 °C für 18-20 Minuten in den Ofen schieben (alternativ grillen).
Wenn das Fleisch gar ist, abkühlen lassen und in Würfel schneiden.
Die Focaccia ebenfalls würfeln und 5 Minuten im Ofen rösten.
Auf Serviertellern ein Salatbett aus Radicchio anrichten. Mit Olivenöl, Essig, Pfeffer und Salz anmachen.
Die Äpfel, das Hähnchenfleisch, die Mandelstifte und die Focaccia darüber verteilen.

Vorbereitung: 30 Minuten
Backzeit: 20 Minuten

HÄHNCHENSALAT MIT ACETO BALSAMICO UND PINIENKERNEN

ZUTATEN FÜR 4 PERSONEN

400 g Hähnchenbrust
50 g Pinienkerne
100 g Rucola
200 ml Aceto Balsamico
100 ml Olivenöl
Extra Vergine

350 ml Wasser
2 Zweige Salbei
2 Zweige Rosmarin
1 Lorbeerblatt
1 Zehe Knoblauch
Salz und Pfeffer

ZUBEREITUNG

Den Rucola waschen und trocknen.
Rosmarin, Lorbeer, Salbei waschen, den Knoblauch schälen und jeweils die Hälfte davon klein hacken. Das Hähnchenfleisch säubern. Bei mittlerer Hitze 150 ml Aceto Balsamico mit einer Prise Salz und den ungehackten Kräutern aufkochen. Das Wasser hinzugeben und erneut zum Kochen bringen. Die Hähnchenbrust hinzufügen und etwa 20 Minuten köcheln und anschließend in der Flüssigkeit abkühlen lassen. Das Fleisch in feine Scheiben schneiden und mit ein wenig Olivenöl und den gehackten Kräutern vermengen. Etwa 15 Minuten marinieren lassen. Währenddessen bei mittlerer Hitze in einer Pfanne die Pinienkerne anrösten, ohne dass sie zu braun werden. Nun in einer Schüssel den restlichen Aceto Balsamico mit Olivenöl sowie einer Prise Salz und Pfeffer verquirlen. Auf jedem Servierteller ein Bett aus Rucola anrichten und mit dem Dressing beträufeln. Die Hähnchenbrust darüber verteilen und mit den gerösteten Pinienkernen bestreuen. Zum Schluss einige Tropfen des für den Rucola verwendeten Dressings darüber geben.

Vorbereitung: 15 Minuten
Kochzeit: 20 Minuten

TINTENFISCHSALAT MIT ZITRUSFRÜCHTEN

ZUTATEN FÜR 4 PERSONEN

500 g Tintenfisch
150 g Zwiebel
150 g Friséesalat
100 g Karotten
70 g Sellerie

1 Orange
1 Zitrone
1 Pampelmuse
80 ml Olivenöl Extra Vergine
Salz und Pfeffer

ZUBEREITUNG

In einem passenden Topf aus Wasser, Zwiebel, Karotten und Sellerie eine Brühe herstellen und 15 Minuten kochen lassen. Salzen und den Tintenfisch dreimal kurz ins heiße Wasser eintauchen. Hierdurch wird er später noch weicher. Danach den Tintenfisch eine Stunde köcheln lassen, bis er so weich ist, dass man ihn mit einem Küchenmesser leicht einstechen kann. Sobald er gar ist, den Topf abdecken und eine Stunde ruhen lassen. Anschließend den Tintenfisch abgießen und in mundgerechte Stücke schneiden. Die Zitrusfrüchte schälen und enthäuten. Um die Fruchtstücke voneinander zu trennen, empfiehlt es sich, vorsichtig ein Messer zwischen das Fruchtfleisch und die trennende Haut zu schieben. Das Fruchtfleisch kommt in den Salat.
Mit den Fingern den Saft aus der Fruchthaut in eine Schüssel pressen. Olivenöl sowie eine Prise Salz und Pfeffer hinzufügen und zu einem Dressing für den Salat verquirlen.
Den gewaschenen und getrockneten Salat auf einem Servierteller anrichten und Fruchtfleisch und Tintenfischstücke darauf verteilen.
Zum Schluss mit dem Dressing beträufeln.

Vorbereitung: 30 Minuten
Kochzeit: 1 Stunde

SEETEUFELSALAT MIT TOMATEN

ZUTATEN FÜR 4 PERSONEN

500 g Seeteufelfilet, entgrätet
500 g Tomaten
20 g Kapern, in Salz eingelegt
100 ml Olivenöl Extra Vergine
Salz und Pfeffer

ZUBEREITUNG

Den Seeteufel salzen, pfeffern und in eine geölte Form legen.
Bei 160 °C für circa 8-10 Minuten in den Ofen schieben.
Wenn der Fisch gar ist, abkühlen lassen und in Scheiben schneiden.
Die Kapern und das Olivenöl im Mixer pürieren, sodass eine Soße entsteht.
Die Tomaten in runde Scheiben schneiden.
Auf den Serviertellern immer abwechselnd eine Tomatenscheibe und ein Stück Seeteufel anrichten.
Mit Salz und Olivenöl anmachen.
Zum Schluss die Kapernsoße darüber träufeln.

Vorbereitung: 25 Minuten
Backzeit: 10 Minuten

FENCHELSALAT MIT RÄUCHERLACHS

ZUTATEN FÜR 4 PERSONEN

450 g Fenchel
200 g Räucherlachs
2 Zitronen
100 ml Olivenöl
Salz und Pfeffer

ZUBEREITUNG

Den Räucherlachs in Scheiben schneiden und auf einem Teller verteilen. Mit dem Saft einer Zitrone beträufeln und für etwa 10 Minuten ziehen lassen.
In der Zwischenzeit den Fenchel säubern (das grüne Fenchelkraut aufbewahren, da es später zur Dekoration benötigt wird). In möglichst feine Streifen schneiden, waschen und gut abtropfen lassen.
Den Saft der anderen Zitrone mit dem Olivenöl, Salz und Pfeffer verquirlen. Mit der Hälfte des Dressings den Fenchel anmachen.
Den Fenchelsalat mittig auf Tellern anrichten und den Räucherlachs ringsum verteilen.
Das restliche Dressing darüber träufeln und mit dem Fenchelgrün dekorieren.

Vorbereitung: 30 Minuten

THUNFISCHSALAT MIT BOHNEN

ZUTATEN FÜR 4 PERSONEN

200 g Kopfsalat
150 g weiße Bohnen, getrocknet
150 g Thunfisch in Öl
50 g Paprika, rot
200 g Zwiebel, rot
100 ml Olivenöl Extra Vergine
Salz und Pfeffer

ZUBEREITUNG

Die Bohnen für mindestens zwölf Stunden in kaltes Wasser legen.
Dann eine weitere Stunde in ungesalzenem Wasser gar kochen. Erst am Ende der Kochzeit salzen.
Abkühlen lassen.
Währenddessen den Kopfsalat waschen und trocknen.
Auch die Paprika waschen und in feine Streifen schneiden.
Auf den Serviertellern ein Salatbett anrichten und die in Ringe geschnittene Zwiebel, die abgetropften und mit dem Olivenöl angemachten Bohnen und den abgetropften Thunfisch darauf verteilen.
Mit Paprikascheiben dekorieren und eine Prise Pfeffer darüber geben.

Vorbereitung: 1 Stunde und 30 Minuten
Einweichen: 12 Stunden

KARTOFFELSALAT MIT FORELLE UND EI

ZUTATEN FÜR 4 PERSONEN

4 Eier
400 g Kartoffeln
100 g gemischte Blattsalate
400 g Forellenfilets
40 g Walnusskerne
100 ml Olivenöl Extra Vergine
1 Zitrone
Salz und Pfeffer

ZUBEREITUNG

Die Eier in einem Topf mit Wasser bedecken.
Auf den Herd stellen und zum Kochen bringen, 8-10 Minuten köcheln lassen.
Um den Garungsprozess zu unterbrechen und das anschließende Schälen zu erleichtern, die Eier unter kaltem Wasser abschrecken. Die Eier schälen und Eigelb sowie Eiweiß (das bei diesem Rezept nicht verwendet wird) voneinander trennen. Die Kartoffeln waschen und mit Schale in reichlich Salzwasser kochen. Sie sind gar, wenn sich ein Messer leicht hineinstechen lässt. Nun die Kartoffeln abgießen und abkühlen lassen, anschließend schälen und in circa einen halben Zentimeter dicke Scheiben schneiden.
Den Salat waschen und trocknen. Sorgfältig eventuelle Gräten aus den Forellenfilets entfernen, dann den Fisch salzen, pfeffern und in eine geölte Form legen. Bei 180 °C für circa 8-10 Minuten in den Ofen stellen. Wenn die Filets gar sind, abkühlen lassen und die Haut entfernen.
Zum Servieren auf den Tellern ein mit Olivenöl, Zitronensaft und Salz abgeschmecktes Salatbett anrichten. Die Kartoffeln und die Forellenfilets darauf geben, salzen und ebenfalls mit Olivenöl und Zitronensaft beträufeln. Zum Schluss das durch ein Sieb gestrichene Eigelb sowie einige Walnusskerne darüber verteilen.

Vorbereitung: 50 Minuten
Backzeit: 10 Minuten

KALBSBRATENSALAT MIT HONIG UND SESAM

ZUTATEN FÜR 4 PERSONEN

150 g Sellerie
150 g Karotten
400 g fertiger Kalbsbraten
30 g Radieschen
20 g Petersilie, gehackt
80 ml Olivenöl Extra Vergine
40 g Honig
25 g Senf
10 g Sesam
Salz und Pfeffer

ZUBEREITUNG

Den Sellerie waschen, trocknen und in feine Scheiben schneiden.
Die Karotten schälen und in dünne Streifen schneiden.
Auch die Radieschen waschen, putzen und in Scheiben schneiden.
Den kalten Kalbsbraten würfeln. Fleisch und Gemüse vermengen und mit Salz, Pfeffer, der Hälfte des Olivenöls und der gehackten Petersilie verfeinern. Die Sesamkerne in einer Pfanne bei mittlerer Hitze anrösten, anschließend abkühlen lassen. Dann im Mixer mit dem Honig, dem Senf und dem restlichen Olivenöl zu einem Dressing verquirlen. Wenn nötig, mit Salz abschmecken.
Auf einer Salatplatte anrichten und mit dem Honig-Sesam-Dressing anmachen.

Vorbereitung: 20 Minuten

GEMISCHTER SALAT MIT RÄUCHERSCHINKEN UND HIMBEEREN

ZUTATEN FÜR 4 PERSONEN

200 g Blattsalat, gemischt
150 g Räucherschinken
60 g Himbeeren
50 ml Olivenöl Extra Vergine
15 ml Himbeeressig
Salz und Pfeffer

ZUBEREITUNG

Den Blattsalat waschen und trocknen.
Die Hälfte des Räucherschinkens in hauchdünne Scheiben, die andere Hälfte in Scheiben von drei Millimeter Dicke und anschließend in Stäbchen schneiden.
Die Stäbchen unter den Blattsalat mischen und auf den Serviertellern verteilen.
Die Schinkenscheiben ringsum anrichten und mit den vorher vorsichtig gewaschenen und trocken getupften Himbeeren garnieren.
Essig, Olivenöl, Salz und Pfeffer zu einem Dressing verquirlen und über den Salat geben.

Vorbereitung: 15 Minuten

ITALIENISCHER BROTSALAT (PANZANELLA)

ZUTATEN FÜR **4/6** PERSONEN

1 kg Weißbrot, altbacken
30 g Sardellenfilets
200 g Tomaten
120 g Gurke, entkernt
150 g Zwiebel, rot
250 g Paprika, süß
1 Zehe Knoblauch
1 Esslöffel Kapern, entsalzen
1 Bund Basilikum
15 ml Rotweinessig
80 ml Olivenöl Extra Vergine
(vorzugsweise aus der Toskana)
3 g Salz
Schwarzer Pfeffer

ZUBEREITUNG

Das Brot in etwa zwei Zentimeter große Würfel schneiden, ohne die Rinde zu entfernen.
Die Tomaten in der gleichen Größe würfeln.
Nun den Knoblauch schälen, gemeinsam mit den Sardellen und Kapern hacken und in ein Schälchen füllen.
Das Salz, eine Prise Pfeffer, den Essig und das Öl hinzugeben und alles miteinander zu einem Dressing verrühren.
Zum Schluss das restliche Gemüse und das Basilikum waschen, abtrocknen und klein schneiden, dann mit dem Brot und den Tomaten vermengen und mit dem Dressing anmachen.
Noch einmal durchmischen und, wenn nötig, mit Salz und Pfeffer abschmecken.

Vorbereitung: 15 Minuten

SALAT AUS TINTENFISCH UND KARTOFFELN

ZUTATEN FÜR 4 PERSONEN

500 g Tintenfisch
500 g Kartoffeln
1 Zwiebel
1 Karotte
3 Stangen Sellerie
80 g Oliven, schwarz
100 ml Olivenöl Extra Vergine
1 Zitrone
1 Teelöffel Petersilie, gehackt
Salz und Pfeffer

ZUBEREITUNG

Einen Topf Salzwasser zum Kochen bringen. Die Zwiebel, die Karotte und eine Selleriestange waschen, schälen und ins Wasser geben. 5 Minuten kochen lassen, dann den Tintenfisch zunächst dreimal kurz in das kochende Wasser tauchen, wodurch er später noch weicher wird. Anschließend in den Topf geben. Eine Stunde kochen lassen, bis er so weich ist, dass er sich mit einem Messer leicht einstechen lässt. Vom Feuer nehmen, den Topf abdecken und eine Stunde langsam abkühlen lassen.
In der Zwischenzeit die Kartoffeln schälen, waschen und circa 15-20 Minuten in Salzwasser kochen. Sie sind gar, wenn man mit einem Zahnstocher leicht hineinstechen kann. Abgießen, abkühlen lassen und würfeln oder in Scheiben schneiden. Auch den restlichen Sellerie waschen und klein schneiden. Die Zitrone auspressen und in einer Schale den Saft mit Olivenöl, Salz und Pfeffer verquirlen. Wenn der Tintenfisch nur noch lauwarm ist, abgießen und in mundgerechte Stücke schneiden. Nun die Kartoffeln, den Sellerie, die schwarzen Oliven und den Tintenfisch zu einem Salat vermengen. Mit dem vorher zubereiteten Dressing anmachen und mit ein wenig gehackter Petersilie bestreuen. Das restliche Olivenöl über den Salat gießen und servieren.

Vorbereitung: 15 Minuten
Abkühlen: 1 Stunde Kochzeit: 1 Stunde

94

NUDEL- UND GETREIDESALATE

GETREIDESALAT MIT GEMÜSE UND FRISCHEN KRÄUTERN

ZUTATEN FÜR **4/6** PERSONEN

70 g Reis
70 g Gerste
70 g Zartweizen
60 ml Olivenöl Extra Vergine
100 g Porree
50 g Sellerie
200 g Auberginen
100 g Zucchini

100 g Paprika, rot
100 g Paprika, gelb
150 g Karotten
2 Zweige Thymian
2 Zweige Majoran
2 Zweige Salbei
2 Zweige Rosmarin
Salz

ZUBEREITUNG

Reis, Gerste und Zartweizen einzeln in Salzwasser garen (zur Beschleunigung der Zubereitung lässt sich alternativ auch ein fertiger, vorgekochter Getreidemix verwenden), bis das Ganze „al dente“ ist. Dann abgießen, in einer großen Schüssel ausbreiten und abkühlen lassen, zwischendurch umrühren. Währenddessen das Gemüse waschen und putzen. Karotten, Sellerie, Paprika und Zucchini in kleine Würfel schneiden. Die Auberginen ebenfalls würfeln, leicht salzen und für etwa 30 Minuten in einem Sieb ziehen lassen, damit sie das überschüssige Wasser abgeben.
Den weißen Teil des Porrees in feine Scheiben schneiden. Die Kräuter waschen, trocknen und fein hacken. Nun das Gemüse einzeln in einer Pfanne mit Olivenöl und den Kräutern anbraten, sodass es bissfest bleibt. Mit Salz abschmecken und unter das Getreide heben. Zum Schluss den Salat mit dem restlichen Olivenöl anmachen und gegebenenfalls mit etwas Salz abschmecken.

Vorbereitung: 15 Minuten
Kochzeit: 45 Minuten

NUDELSALAT „MARGHERITA“

ZUTATEN FÜR 4 PERSONEN

320 g Pasta vom Typ „Conchiglie“
250 g Mozzarella
2 Tomaten
4-5 Blätter Basilikum
80 ml Olivenöl Extra Vergine
Salz

ZUBEREITUNG

Die Pasta in reichlich Salzwasser „al dente“ kochen. Abgießen und im Sieb kurz unter fließendes kaltes Wasser halten, damit der Garungsprozess unterbrochen wird. Anschließend gut abtropfen lassen. In eine große Schüssel geben und mit ein wenig Olivenöl beträufeln, damit sie nicht verklebt. Die Tomaten waschen, die Kerne entfernen und das Fruchtfleisch in Würfel von etwa einem Zentimeter schneiden. Den Mozzarella ebenfalls auf diese Weise würfeln und beides in die Schüssel zur Pasta geben.

Mit dem zerkleinerten Basilikum, Salz und Olivenöl abschmecken und servieren.

Vorbereitung: 15 Minuten
Kochzeit: 8 Minuten

VEGETARISCHER COUSCOUSSALAT

ZUTATEN FÜR 4 PERSONEN

300 g Couscous, vorgegart
100 g Zwiebel, rot
50 g Erbsen
50 g Paprika, gelb
100 g Karotten
100 g Zucchini
80 ml Olivenöl Extra Vergine
300 ml Gemüsebrühe (oder Wasser)
Petersilie, gehackt
Salz

ZUBEREITUNG

Eine dem Gewicht des Couscous entsprechende Menge Gemüsebrühe (oder Wasser) aufkochen lassen. Den Couscous auf dem Boden einer Schüssel verteilen und die kochend heiße Brühe hinzugeben. Gut mit einer Gabel verrühren, sodass sich keine Klümpchen bilden. Anschließend die Schüssel mit Frischhaltefolie abdecken und den Couscous etwa eine halbe Stunde ziehen lassen. Danach den Couscous erneut gut durchrühren.

Während der Wartezeit das Gemüse waschen und, bis auf die Erbsen, in 2-3 Millimeter kleine Würfel schneiden. In einer Pfanne jede Gemüsesorte einzeln in Olivenöl anbraten. Das Gemüse sollte dabei bissfest bleiben. Nun die Erbsen blanchieren.

Zum Schluss das Gemüse unter den locker gerührten Couscous heben und mit ein wenig Olivenöl anmachen. Mit Salz und gehackter Petersilie abschmecken und servieren.

Vorbereitung: 40 Minuten

NUDELSALAT MIT MELONE

ZUTATEN FÜR 4 PERSONEN

200 g Pasta vom Typ „Farfalle“
2 Melonen
100 g Paprika
150 g Zucchini
150 g Karotten
50 g Petersilie, gehackt
60 ml Olivenöl Extra Vergine
Salz

ZUBEREITUNG

Die Pasta in reichlich Salzwasser „al dente“ kochen. Abgießen und im Sieb kurz unter fließendes kaltes Wasser halten, damit der Garungsprozess unterbrochen wird. Anschließend gut abtropfen lassen. In eine große Schüssel geben und mit ein wenig Olivenöl beträufeln, damit sie nicht verklebt. Die Melonen waschen, abtrocknen und halbieren. Dann die Kerne entfernen und mit dem entsprechenden Küchengerät Bällchen aus dem Fruchtfleisch stechen. Das Gemüse waschen und putzen, anschließend alles in kleine Würfel schneiden und unter die Pasta heben, auch die Melonenbällchen hinzugeben. Mit Salz, Olivenöl und gehackter Petersilie abschmecken. Alle Zutaten gut miteinander vermengen und in den ausgehöhlten Melonenschalen servieren.

Vorbereitung: 25 Minuten
Kochzeit: 12 Minuten

NUDESALAT MIT SPARGEL UND SCHINKEN

ZUTATEN FÜR 4 PERSONEN

300 g Pasta vom Typ „Fusilli"
50 g Butter
130 g Schinken, luftgetrocknet
200 g Spargel
20 g Petersilie, gehackt
50 ml Olivenöl Extra Vergine
1 Zehe Knoblauch
Schale von einer Zitrone
Salz und Pfeffer

ZUBEREITUNG

Die Pasta in reichlich Salzwasser „al dente" kochen. Abgießen und im Sieb kurz unter fließendes kaltes Wasser halten, damit der Garungsprozess unterbrochen wird. Anschließend gut abtropfen lassen. In eine große Schüssel geben und mit ein wenig Olivenöl beträufeln, damit sie nicht verklebt. Den Spargel gründlich waschen und die holzigen Enden entfernen. Die Stängel in Scheiben schneiden, die Köpfe jedoch ganz lassen. Mit der Hälfte der Butter und der geschälten Knoblauchzehe bei niedriger Temperatur für etwa 10 Minuten andünsten. Währenddessen den Schinken und die Zitronenschale (nur das oben liegende Gelbe) in feine Streifen schneiden. Den Schinken in der restlichen Butter kurz anrösten, ohne ihn dabei austrocknen zu lassen. Ein wenig Wasser und den Spargel hinzugeben, mit Salz und Pfeffer abschmecken. Zum Schluss Spargel und Schinken unter die Pasta heben, mit ein wenig Zitronenschale und gehackter Petersilie bestreuen und mit Olivenöl anmachen.

Vorbereitung: 30 Minuten
Kochzeit: 13 Minuten

SARDISCHER NUDELSALAT MIT THUNFISCH, ZUCCHINI UND PAPRIKA

ZUTATEN FÜR 4 PERSONEN

300 g Pasta vom Typ „Gnocchetti Sardi“
400 g Thunfisch, frisch
300 g Zucchini
150 g Paprika, rot
150 g Paprika, gelb
100 g Ackerbohnen
80 g Erbsen
100 ml Olivenöl Extra Vergine
Einige Tropfen Zitronensaft
Salz und Pfeffer

ZUBEREITUNG

Die Pasta in reichlich Salzwasser „al dente“ kochen. Abgießen und im Sieb kurz unter fließendes kaltes Wasser halten, damit der Garungsprozess unterbrochen wird. Anschließend gut abtropfen lassen. In eine große Schüssel geben und mit ein wenig Olivenöl beträufeln, damit sie nicht verklebt. Zunächst die Erbsen und anschließend die Ackerbohnen kurz in kochendem Salzwasser garen. In Eiswasser abschrecken. Die Ackerbohnen schälen.
Paprika und Zucchini waschen und in etwa einen Zentimeter große Würfel schneiden. Das Gemüse mit ein wenig Olivenöl in der Pfanne anbraten, sodass es knackig bleibt. Anschließend mit Salz und Pfeffer abschmecken.
Den Thunfisch nun ebenfalls salzen und pfeffern, mit Olivenöl einstreichen (alternativ eine beschichtete Pfanne verwenden) und in einer heißen Pfanne auf jeder Seite einige Minuten anbraten. Innen sollte er rosa sein. Das Gemüse unter die Pasta heben und das restliche Olivenöl darüber träufeln. Zum Schluss den Thunfisch würfeln und ebenfalls hinzugeben. Nach eigenem Geschmack mit Zitronensaft verfeinern.

Vorbereitung: 30 Minuten
Kochzeit: 13 Minuten

NUDELSALAT MIT GARNELEN, COCKTAILTOMATEN UND AUBERGINEN

ZUTATEN FÜR 4 PERSONEN

300 g Pasta vom Typ „Mezze Maniche“
300 g Auberginen
250 g Cocktailtomaten
16 Garnelen (Sorte „Mazzancolle“)
80 g Zwiebel, rot
25 g Kapern, in Salz eingelegt
150 ml Olivenöl Extra Vergine
20 g Petersilie, gehackt
1 Zehe Knoblauch
2 Zweige Thymian
Salz und Pfeffer

ZUBEREITUNG

Die Pasta in reichlich Salzwasser „al dente“ kochen. Abgießen und im Sieb kurz unter fließendes kaltes Wasser halten, damit der Garungsprozess unterbrochen wird. Anschließend gut abtropfen lassen. In eine große Schüssel geben und mit ein wenig Olivenöl beträufeln, damit sie nicht verklebt. Die Auberginen waschen, abtrocknen und in Würfel schneiden. Anschließend leicht salzen und für 30 Minuten in einem Sieb ruhen lassen, damit sie Wasser verlieren. Die Zwiebel ebenfalls würfeln und mit ein wenig Olivenöl bei niedriger Temperatur in einer Pfanne andünsten. Die Cocktailtomaten waschen und vierteln. Die Kapern unter fließendem Wasser vom Salz befreien und anschließend grob hacken. Nun die Garnelen putzen und schälen. Die gesäuberten Garnelenschwänze in kleine Stücke schneiden und 3-4 Minuten mit dem Thymian und dem geschälten Knoblauch in Olivenöl anbraten. Leicht salzen. Schließlich die Auberginenwürfel mit Küchenpapier trocken tupfen und in dem restlichen Olivenöl garen. Die Pasta mit den Auberginen, den Garnelen, den Cocktailtomaten, der Zwiebel, der gehackten Petersilie und den Kapern vermengen. Mit Olivenöl und gegebenenfalls etwas Salz und Pfeffer anmachen.

Vorbereitung: 30 Minuten
Kochzeit: 13 Minuten

NUDELSALAT MIT STOCKFISCH, ACKERBOHNEN UND OLIVEN

ZUTATEN FÜR 4 PERSONEN

300 g Pasta vom Typ „Orecchiette“
200 g Ackerbohnen, frisch (oder tiefgefroren)
250 g Stockfisch, eingeweicht
50 g Oliven, schwarz
180 g reife Tomaten

1 Bund Basilikum
100 ml Olivenöl Extra Vergine
1 Zehe Knoblauch
Gemüsebrühe
Salz und Pfeffer

ZUBEREITUNG

Die Pasta in reichlich Salzwasser „al dente“ kochen. Abgießen und im Sieb kurz unter fließendes kaltes Wasser halten, damit der Garungsprozess unterbrochen wird. Anschließend gut abtropfen lassen. In eine große Schüssel geben und mit ein wenig Olivenöl beträufeln, damit sie nicht verklebt. Im Mixer die Hälfte des Olivenöls mit den Basilikumblättern pürieren und anschließend durch ein feines Sieb streichen. In einer Pfanne die Hälfte des restlichen Olivenöls erhitzen und die geschälte Knoblauchzehe im Ganzen darin anrösten. Den klein geschnittenen Stockfisch hinzugeben, salzen und pfeffern und rasch garen, ohne dass der Fisch zerfällt. Falls nötig, ein wenig Gemüsebrühe hinzugeben. Ein X in die Schalen der Tomaten schneiden und 20 Sekunden blanchieren. Dann die Tomaten abkühlen lassen, die Schale abziehen und von den Kernen befreien. Das Fruchtfleisch würfeln. Die Ackerbohnen in leicht gesalzenem Wasser gar kochen, danach ebenfalls abkühlen und schälen, schließlich mit dem restlichen Olivenöl, Salz und Pfeffer anmachen. Nun Bohnen, Oliven, Tomaten und den Stockfisch zu der Pasta in die Schüssel geben und alle Zutaten miteinander vermengen. Mit Salz und Pfeffer abschmecken, auf Tellern anrichten und mit dem Basilikumöl beträufeln.

Vorbereitung: 40 Minuten
Kochzeit: 11 Minuten

HÄHNCHENSALAT MIT VOLLKORNPASTA, AVOCADO, COCKTAILTOMATEN UND MAIS

ZUTATEN FÜR 4 PERSONEN

300 g Vollkornpasta vom Typ „Penne“
150 g Cocktailtomaten
150 g Hähnchenbrust
2 Avocados
20 g Petersilie, gehackt
150 g Maiskörner, abgetropft
60 ml Olivenöl Extra Vergine
Salz

ZUBEREITUNG

Die gesalzene, gepfefferte und mit Olivenöl eingestrichene Hähnchenbrust bei 180 °C für 18-20 Minuten im Backofen garen (oder alternativ grillen). Abkühlen lassen und in Würfel schneiden. Die Pasta in reichlich Salzwasser „al dente“ kochen. Abgießen und im Sieb kurz unter fließendes kaltes Wasser halten, damit der Garungsprozess unterbrochen wird. Anschließend gut abtropfen lassen. Die Avocados waschen, halbieren und schälen. Den Kern entfernen und das Fruchtfleisch entweder würfeln oder mit dem entsprechenden Küchengerät Bällchen ausstechen. Die Cocktailtomaten waschen und halbieren. Den Mais in ein Sieb geben und unter fließendem Wasser abspülen. Nun die Pasta mit dem Hähnchenfleisch, den Tomaten, der Avocado und dem Mais vermengen. Mit Olivenöl, Salz und gehackter Petersilie anmachen. Alles gut untermengen und servieren.

Vorbereitung: 20 Minuten
Backzeit: 20 Minuten

REISSALAT „PRIMAVERA“

ZUTATEN FÜR 4 PERSONEN

200 g Reis
120 g Erbsen
150 g Spargel
50 g Zucchiniblüten
100 ml Olivenöl Extra Vergine
Salz

ZUBEREITUNG

Den Reis in kochendes Salzwasser geben und für circa 15 Minuten, beziehungsweise für die auf der Verpackung angegebene Zeit, garen.
Währenddessen die Erbsen einige Minuten in gesalzenem Wasser blanchieren und anschließend in Eiswasser abschrecken. Den Spargel waschen, auf die gleiche Länge schneiden und mit Küchengarn zusammenbinden, dann für 10-15 Minuten kochen. Abkühlen lassen und in Scheiben schneiden.
Wenn der Reis gar ist, abgießen und kurz mit kaltem Wasser abschrecken, um den Garungsprozess zu unterbrechen. Nun in eine Schüssel geben und mit dem vorbereiteten Gemüse vermengen.
Den Salat mit Salz und Olivenöl abschmecken.
Gut verrühren und kalt servieren.

Vorbereitung: 25 Minuten
Kochzeit: 15 Minuten

REISSALAT MIT COCKTAILTOMATEN UND MOZZARELLA

ZUTATEN FÜR 4 PERSONEN

200 g Reis (Sorte „Venere“)
50 ml Olivenöl Extra Vergine
15 g Zucker
200 g Cocktailtomaten
150 g kleine Mozzarellakugeln
2-3 Basilikumblätter
20 g Petersilie, gehackt
1 Zehe Knoblauch
1 Prise Oregano, getrocknet
Salz und Pfeffer

ZUBEREITUNG

Den Reis in kochendem Salzwasser „al dente“ garen, nach circa 30 Minuten abgießen.
In der Zwischenzeit die Cocktailtomaten waschen und vierteln. Den Knoblauch schälen, in feine Scheiben schneiden und mit dem getrockneten Oregano, 15 ml Olivenöl, Zucker, Salz und Pfeffer zu den Tomaten geben. Etwa 15 Minuten ziehen lassen.
Den Reis mit den kleinen Mozzarellakugeln und den marinierten Tomaten in einer Schüssel vermengen. Mit dem restlichen Olivenöl, der Petersilie und dem vorher gewaschenen und gehackten Basilikum anmachen und mit Salz und Pfeffer abschmecken.

Vorbereitung: 40 Minuten
Kochzeit: 30 Minuten

NUDELSALAT MIT ÄPFELN, ROSINEN UND MANDELN

ZUTATEN FÜR 4 PERSONEN

300 g Pasta vom Typ „Sedanini"
70 g Rosinen
100 g Mandelstifte
2 Äpfel, grün
20 g Petersilie, gehackt
80 ml Olivenöl Extra Vergine
Zitronensaft
Salz und Pfeffer

ZUBEREITUNG

Die Pasta in reichlich Salzwasser „al dente" kochen. Abgießen und im Sieb kurz unter fließendes kaltes Wasser halten, damit der Garungsprozess unterbrochen wird. Anschließend gut abtropfen lassen. In eine große Schüssel geben und mit ein wenig Olivenöl beträufeln, damit sie nicht verklebt. Die Rosinen für 10-15 Minuten in Wasser einweichen, danach abgießen und leicht ausdrücken. Die Äpfel waschen, mit Schale in Scheiben (oder Würfel) schneiden und mit dem Zitronensaft in eine Schale geben. Die Mandeln für einige Minuten im Ofen anrösten. Die Pasta mit den Äpfeln, Rosinen und den gerösteten Mandeln vermengen. Den von den Äpfeln aufgefangenen Zitronensaft mit Salz, Pfeffer, Olivenöl und Petersilie zu einem Dressing verquirlen und über den Salat geben. Auf den Tellern anrichten und mit Mandelsplittern bestreuen.

Vorbereitung: 30 Minuten
Kochzeit: 13 Minuten

LAUWARMER ZARTWEIZENSALAT MIT SCAMPI

ZUTATEN FÜR 4 PERSONEN

300 g Zartweizen, vorgekocht
12 Scampi
100 g Karotten
100 g Tomaten, getrocknet
70 g schwarze Oliven, entsteint
80 ml Olivenöl Extra Vergine
1 Teelöffel Petersilie, gehackt
Basilikumblätter
Salz

ZUBEREITUNG

Die Karotten schälen und in kleine Würfel schneiden, dann in etwas Olivenöl kross anbraten und mit Salz abschmecken. Die getrockneten Tomaten grob zerteilen und die Oliven in Scheiben schneiden. Den Zartweizen in kochendem Salzwasser garen, abgießen und in eine Schüssel füllen. Die Karottenwürfel, die Tomaten und Oliven hinzugeben, auch die Petersilie und die grob gehackten Basilikumblätter untermischen. Schließlich salzen und mit Olivenöl anmachen. Zum Schluss die geschälten und geputzten Scampi für 2-3 Minuten in einer Pfanne mit heißem Olivenöl anbraten und auf einem Bett aus dem Zartweizensalat servieren.

Vorbereitung: 30 Minuten
Kochzeit: 10 Minuten

ALPHABETISCHES VERZEICHNIS DER REZEPTE

Ackerbohnensalat mit Pecorino und Parmaschinken	56
Artischockensalat mit Parmesan	52
Avocadosalat mit Orangen, Melone und Erdbeeren	20
Chicoréesalat mit Schinken	70
Feldsalat mit Kaninchen	68
Fenchelsalat mit Räucherlachs	80
Gemischter Salat mit Räucherschinken und Himbeeren	88
Getreidesalat mit Gemüse und frischen Kräutern	96
Griechischer Salat	48
Hähnchensalat mit Aceto Balsamico und Pinienkernen	74
Hähnchensalat mit Äpfeln und Focaccia	72
Hähnchensalat mit Vollkornpasta, Avocado, Cocktailtomaten und Mais	112
Italienischer Brotsalat (Panzanella)	90
Italienischer Gemüsedip (Pinzimonio)	42
Kalbsbratensalat mit Honig und Sesam	86
Kartoffelsalat	34
Kartoffelsalat mit Forelle und Ei	84
Käsesalat	54
Kichererbsen-Zitrus-Salat	26
Kohlsalat mit getrockneten Aprikosen und Haselnüssen	24
Lauwarmer Zartweizensalat mit Scampi	120
Ligurischer Tomatensalat (Condiglione)	66
Maissalat mit frischem Gemüse	30
Nizza-Salat	62
Nudelsalat „Margherita“	98

Nudelsalat mit Äpfeln, Rosinen und Mandeln	118
Nudelsalat mit Garnelen, Cocktailtomaten und Auberginen	108
Nudelsalat mit Melone	102
Nudelsalat mit Spargel und Schinken	104
Nudelsalat mit Stockfisch, Ackerbohnen und Oliven	110
Reissalat „Primavera“	114
Reissalat mit Cocktailtomaten und Mozzarella	116
Rote-Bete-Salat	22
Rucolasalat mit Parmesan	60
Salat aus Birnen, Gorgonzola und Walnüssen	58
Salat aus Knollensellerie, Radicchio und Ananas	36
Salat aus Mango, Paprika und Karotten	32
Salat aus Orangen, Pampelmusen und Zitronen	16
Salat aus rosa Pampelmusen, Spinat und Walnüssen	38
Salat aus Sojasprossen, Karotten und Wassermelone	28
Salat aus Tintenfisch und Kartoffeln	92
Salat mit warmem Ziegenfrischkäse	50
Sardischer Nudelsalat mit Thunfisch, Zucchini und Paprika	106
Seeteufelsalat mit Tomaten	78
Spargelsalat	18
Thunfischsalat mit Bohnen	82
Tintenfischsalat mit Zitrusfrüchten	76
Tomaten-Mozzarella-Salat (Caprese)	46
Vegetarischer Couscoussalat	100
Zucchinisalat mit Minze	40

ALPHABETISCHES VERZEICHNIS DER ZUTATEN

A
Aceto Balsamico 11, 12, 42, 50, 54, 60, 70, 74
Ackerbohnen 7, 56, 106, 110
Ananas 36
Anis 12
Apfel, grün 26, 72, 118
Apfelessig 11
Aprikosen, getrocknet 24
Artischocken 9, 52
Asiago (Käse) 54
Aubergine 9, 96, 108
Avocado 20, 112

B
Basilikum 10, 46, 66, 90, 98, 110, 116, 120
Basilikumöl 11
Bieressig 11
Birne 58
Blumen 6, 8
Bohnen 7
Bohnenkraut 7
Borretsch 12
Bottarga 7
Brot 7, 13
Butter 104

C
Caciocavallo (Käse) 54
Chicorée 70
Chiliöl 11
Cocktailtomaten 108, 112, 116
Conchiglie (Pasta) 98
Couscous 100

E
Ei 12, 13, 62, 84
Eichblattsalat 6, 82
Eisbergsalat 70
Erbsen 100, 106, 114
Erdbeeren 20
Erdnüsse 12
Essig 6, 7, 9, 11, 12, 13, 72
Estragonessig 11

F
Farfalle (Pasta) 102
Feldsalat 12, 16, 68
Fenchel 80
Fenchelöl 11
Feta (Käse) 48
Fisch 6, 7, 9, 13
Fischeier 12
Fleisch 6, 7, 9, 13
Focaccia 72
Forellenfilet 84
Friséesalat 76
Frühlingszwiebeln 30, 42
Fusilli (Pasta) 104

G
Garnelen 13
Gemischter Salat 22, 56
Gemüse 6, 7, 8, 9, 13, 14
Gemüsebrühe 100, 110
Gerste 96
Gewürznelke 68
Gnocchetti Sardi (Pasta) 106
Gorgonzola 58
Gorgonzola, pikant 12
Grüne Bohnen 62
Grüner Salat 50, 84, 88
Gruyère 54
Gurken 30, 42, 48, 66, 90

H
Hähnchenbrust 7, 13, 72, 74, 112
Haselnüsse 12, 24
Himbeeren 88
Himbeeressig 11, 88
Honig 12, 86
Hopfen 12
Hülsenfrüchte 7, 9

J
Joghurt 12, 13, 20, 34, 54

K
Kalbsbraten 86
Kaninchen 10, 68

Kapern 12, 78, 90, 108
Karotten 28, 32, 42, 68, 76, 86, 92, 96, 100, 102, 120
Kartoffeln 9, 62, 84, 92
Kartoffeln, gelbfleischig 34
Käse 7, 9, 12
Kerbel 13
Kichererbsen 7, 26
Knoblauch 12, 13, 22, 40, 66, 68, 74, 90, 104, 108, 110, 116
Knollensellerie 36
Kopfsalat 6, 7, 62
Koriander 7
Kräuter 6, 8, 12
Krustentiere 9, 12

L
Limette 26
Lollo-Salat 58
Lorbeer 68, 74

M
Mais 30, 112
Majoran 12, 96
Malve 6
Mandeln 12, 22, 72, 118
Mango 32
Mayonnaise 13, 54
Mazzancolle (Garnele) 108
Melone 20, 102
Mezze Maniche (Pasta) 108
Milchessig 11
Minze 6, 7, 12, 40
Mohn 70
Mozzarella 10, 46, 98
Mozzarellina 116

O
Obst 6, 7, 8
Öl 6, 7, 11, 13
Oliven 12, 30, 62
Oliven, griechische 48, 66, 92, 110, 120
Olivenöl Extra Vergine 11, 12, 13, 16, 18, 22, 24, 26, 28, 30, 32, 34, 36, 38, 40, 42, 46, 48, 50, 52, 54, 56, 58, 60, 62, 66, 68, 70, 72, 74, 76, 78, 80, 82, 84, 86, 88, 90, 92, 96, 98, 100, 102, 104, 106, 108, 110, 112, 114, 116, 118, 120
Ölsamen 8, 12
Orangen 10, 16, 20, 26, 38, 76
Orecchiette (Pasta) 110
Oregano 48
Oregano, getrocknet 116

P
Pampelmuse 16, 76, 38
Paprika 26, 30, 32, 42, 66, 82, 90, 96, 100, 102, 106
Parmaschinken 56
Parmesan 13, 52, 60
Pasta 6, 13
Pecorino 56
Petersilie 12, 30, 34, 36, 52, 86, 92, 100, 102, 104, 108, 112, 116, 118, 120
Pfeffer 12, 13, 16, 18, 22, 24, 26, 30, 34, 36, 38, 40, 42, 50, 52, 58, 60, 62, 68, 72, 74, 76, 78, 80, 82, 84, 86, 88, 92, 104, 106, 108, 110, 116, 118
Pfeffer, grün 12, 20
Pfeffer, rosa 12
Pfeffer, schwarz 12, 13, 90
Pfeffer, weiß 12
Pinienkerne 12, 74
Pistazien, gehackt 22
Porree 6, 7, 96
Provolone (Käse) 54

R
Radicchio 18, 36, 40, 54, 72
Radieschen 18, 54, 86
Räucherlachs 80
Räucherschinken 88
Raute 7
Reis 6, 13, 96, 114
Rind 7
Rohrzucker 13
Romana-Salat 13

Rosenessig 11
Rosinen 118
Rosmarin 74, 96
Rote Bete 22
Rucola 7, 60, 70, 74

S
Sahne 12
Salbei 68, 74, 96
Sardellen 12, 13, 62, 66, 90
Sauerklee 12
Saure Sahne 12
Scampi 120
Schinken 9, 70, 104
Schnittlauch 12, 13, 34, 54
Sedanini (Pasta) 118
Seeteufel 78
Sellerie 7, 30, 42, 54, 68, 76, 86, 92, 96
Senf 12, 13, 62, 86
Sesam 12, 86
Sojasoße 28
Sojasprossen 28
Spargel 18, 104, 114
Speck 13
Spinat 38
Stockfisch 110
Süße Paprika, Pulver 13

T
Thunfisch 62, 82, 106
Thymian 7, 96, 108
Tintenfisch 76, 92
Tomaten 9, 10, 46, 48, 62, 66, 78, 90, 98, 110
Tomaten, getrocknet 120

V
Venere (Reis) 116
Vollkornpasta 112

W
Wacholderbeeren 68
Walnusskerne 7, 12, 38, 58, 84
Wassermelone 28
Weichweizen 9, 96, 120
Weißbrot 90
Weiße Bohnen, getrocknet 82
Weißkohl 24
Weißweinessig 11, 12, 13, 22, 24, 26, 34, 56, 62, 66, 90
Worcestersoße 13

Y
Yufkateig 50

Z
Ziegenfrischkäse 50
Zitrone 6, 7, 11, 12, 13, 16, 20, 26, 32, 36, 38, 52, 76, 80, 84, 92, 104, 106, 118
Zitronengras 12
Zitrusfrüchte 12
Zucchini 40, 96, 100, 102, 106
Zucchiniblüten 114
Zucker 20, 116
Zwiebeln 68, 76, 92
Zwiebeln, rot 26, 48, 66, 82, 90, 100, 108

ACADEMIA BARILLA

BOTSCHAFTERIN DER ITALIENISCHEN KÜCHE

Im Herzen Parmas, einer der Hauptstädte der Kochkultur, liegt inmitten der historischen Produktionsstätten der Firma Barilla das Barilla-Center, in dem auch die Academia Barilla untergebracht ist. Gegründet wurde sie 2004, mit dem Ziel, die italienische Kochkunst zu bewahren, die kulinarischen Traditionen der Regionen zu pflegen, sie vor Nachahmungen und Verfälschungen zu schützen und den Wert der italienischen Küche insgesamt zu steigern. So wurde die Academia Barilla zu einem Ort, an dem sich große Professionalität und einzigartige Kompetenzen vereinen. Sie bietet Kochkurse für Fans des guten Essens an, unterstützt Gastronomen und stellt Produkte von hoher Qualität vor. Für ihre kreative Förderung der italienischen Gastronomiekultur erhielt die Academia Barilla im Jahr 2007 die Auszeichnung „Premio Impresa e Cultura". Der Sitz der Institution erfüllt alle Anforderungen eines modernen Weiterbildungszentrums für Ernährung und verfügt außerdem über die nötige multimediale Ausstattung, um große Veranstaltungen beherbergen zu können: Neben einem außergewöhnlichen gastronomischen Auditorium gibt es ein Restaurant, ein polysensorisches Labor und zahlreiche, mit der modernsten Technologie ausgestattete Räumlichkeiten. In der gastronomischen Bibliothek werden über 10.000 Bände rund um Gastronomie und Kochen, sowie eine einzigartige Sammlung antiker Rezepte, Speisekarten und Publikationen aufbewahrt. Die Bibliothek kann auch über das Internet konsultiert werden und bietet Zugang zu hunderten digitalisierten historischen Texten. Ihr zeitgemäßer Aufbau und ein Dozenten-Team von internationaler Bekanntheit erlauben es der Academia Barilla, ein vielseitiges Kursprogramm anbieten zu können, das sowohl den Ansprüchen professioneller Gastronomen als auch denen leidenschaftlicher Hobbyköche gerecht wird. Kulturelle Veranstaltungen und Initiativen, an denen Fachleute, Starköche und Gastronomie-Kritiker teilnehmen, bringen einem großen Publikum die Welt des Kochens und der Gastronomie näher. Die Academia Barilla vergibt weiterhin den Preis „Premio Cinema", der Kurzfilmen vorbehalten ist, die sich mit der italienischen Kochtradition auseinandersetzen.

www.academiabarilla.it

128

WHITE STAR VERLAG

WS White Star Verlag® ist eine eingetragene Marke
von De Agostini Libri S.p.A.

Via G. da Verrazano, 15
28100 Novara, Italien
www.whitestar.it - www.deagostini.it

Übersetzung: Adriana Enslin
Redaktion Deutschland: Grafikhaus, München

ISBN 978-88-6312-123-0
2 3 4 5 6 17 16 15 14 13

Gedruckt in China